VIVÊNCIAS MEDIÚNICAS

FRANCISCO CAJAZEIRAS
PELO ESPÍRITO HILÁRIO

EDITORA EME

SINOPSE TEÓRICA E PRÁTICA

Solicite nosso catálogo completo, com mais de 350 títulos, onde você encontra as melhores opções do bom livro espírita: literatura infantojuvenil, contos, obras biográficas e de autoajuda, mensagens espirituais, romances palpitantes, estudos doutrinários, obras básicas de Allan Kardec, e mais os esclarecedores cursos e estudos para aplicação no centro espírita - iniciação, mediunidade, reuniões mediúnicas, oratória, desobsessão, fluidos e passes.

E caso não encontre os nossos livros na livraria de sua preferência, solicite o endereço de nosso distribuidor mais próximo de você.

Edição e distribuição

EDITORA EME

Caixa Postal 1820 - CEP 13360-000 - Capivari - SP

Telefones: (19) 3491-7000 | 3491-5449

Vivo (19) 99983-2575 | Claro (19) 99317-2800

vendas@editoraeme.com.br - www.editoraeme.com.br

VIVÊNCIAS MEDIÚNICAS

FRANCISCO CAJAZEIRAS
PELO ESPÍRITO HILÁRIO

EDITORA EME

SINOPSE TEÓRICA E PRÁTICA

Capivari-SP
- 2017 -

A Editora EME mantém o Centro Espírita "Mensagem de Esperança", tem um programa de distribuição de cestas básicas e patrocina, junto com a Prefeitura Municipal e outras empresas, a Central de Educação e Atendimento da Criança (Casa da Criança), em Capivari-SP.

1ª edição - novembro/2017 - 3.000 exemplares

CAPA | Victor Benatti
PROJETO GRÁFICO E DIAGRAMAÇÃO | Marco Melo
REVISÃO | Editora EME

Ficha catalográfica

Hilário, (Espírito)
Vivências mediúnicas / pelo espírito Hilário; [psicografado por] Francisco Cajazeiras - 1ª ed. nov. 2017 - Capivari, SP: Editora EME.
144 pág.

ISBN 978-85-9544-034-0

1. Espiritismo. 2. Mensagens mediúnicas. 3. Mediunidade. 4. Obsessão/Desobsessão.
I. TÍTULO.

CDD 133.9

Sumário

Capítulo 1

MEDIUNIDADE E HONRARIAS

A MEDIUNIDADE É ABENÇOADA oportunidade que se recebe para o exercício da humildade e da fraternidade, da caridade e do esquecimento de si mesmo.

A dedicação e a alegria de servir devem ser a marca registrada do medianeiro beneficiado pelas claridades da ciência espírita.

A tarefa mediúnica deve ser executada com serenidade e amor, confiança e aceitação, equilíbrio e determinação, no anonimato dos corações dos companheiros desassisados e carentes que te batem à porta rogando abrigo.

A vivência mediúnica nunca deve ser encarada como sinônimo de sofrimento e angústia, mas de abnegação consciente e amor incondicional.

Vivencia-a, pois, livre dos objetivos meramente pessoais, mas plena de doação em favor do próximo que se te acerca das possibilidades interacionais.

O mediunato[1], como um bem outorgado pela Providência Divina, não se destina à exaltação própria de qualquer dimensionalidade, bastando ao seu portador unicamente a absoluta certeza de que o serviço pertence ao Senhor da Vinha, único responsável pelo pleno êxito do labor.

Guarda no teu coração o desejo puro de seu exercício, livre dos preconceitos e dos anseios corriqueiros de quaisquer lucros, destaque ou usufruto particular e personalista.

Vive plenamente o sentimento de desapego, liberto do pensamento de honrarias mundanas, isento de receios e medos injustificáveis, buscando em Jesus, mestre de todos nós, o amparo e a condução suave e protetora, dirigindo-lhe invariável e completamente todo o crédito e todas as honrarias pelas possibilidades infinitas advindas do inter-relacionamento medianímico.

Persevera no bem e exercita, acima de tudo, a humildade verdadeira, a fim de te fazeres digno de pertencer à luminosa tarefa de descortinar para o mundo a vida palpitante e estuante para além das formas do concreto domicílio da Humanidade encarnada.

Que te abençoe Jesus em tuas tarefas de aprendizado continuado.

---

1 "Missão providencial dos médiuns". (*O Livro dos Médiuns*, cap. XXXII, Vocabulário espírita).

Capítulo 2

TERMINOLOGIA ESPÍRITA

A PALAVRA MEDIUNIDADE É a terminologia espírita que designa fenômeno presente em todas as épocas e lugares, sob designações e entendimentos diversificados, ao sabor da capacidade interpretativa de cada um e de cada tempo.

Com o advento da ciência espírita, obra do emérito pesquisador Allan Kardec, houve naturalmente a necessidade de se estabelecer uma nomenclatura própria e conceitos modernos e específicos à faculdade de sempre, assim também significados consonantes ao saber e à metodologia científica contemporâneos norteadores do progresso da Humanidade.

O termo, por si mesmo, atesta as características peculiares do fenômeno no campo das comunicações, funcionando o medianeiro como instrumento inteligente na transferência das ideias e dos pensamentos das consciências tidas como "mortas" aos olhos humanos, em direção à dimensionalidade mais grosseira dos estados da matéria universal.

Institui-se, assim, a partir desse modo de apresentação, a base inequívoca de sustentação à realidade última dos padrões existenciais terrenos, centrados e comprovados pela demonstração da essência anímica.

Apesar do multiverso designativo no pretérito e no presente, nenhuma delas se reveste de significância tão apropriada e ajustada pela etimologia à realidade do papel do medianeiro como intérprete e intermediário, quanto a espírita.

A semântica espírita certifica a presença do medianeiro como elemento imprescindível à comunicação, dando destaque à sua atuação como determinante à linguagem, êxito interpretativo e variedade tonal.

Médium é, pois, na acepção usual do vocábulo, todo aquele que se habilita a agir como intermediário ativo e lúcido, intérprete qualificado e caixa de ressonância inteligente aos habitantes de diferentes faixas existenciais em que se manifestam as consciências destituídas do invólucro carnal, condição natural e destino inexorável ao ser imortal.

Capítulo 3

DOM E FÉ

O DOM MEDIÚNICO QUE recebeste é aurora que se abre às tuas necessidades de realização no mundo e, ao mesmo tempo, portal de ensinos e fomento ao teu aprendizado e ao desenvolvimento das tuas potencialidades como ser em trajetória evolutiva.

Apresenta-se como um instrumento e um caminho: instrumento a te desafiar a compreensão de suas possibilidades de realização; caminho a te exigir atenção para não soçobrares ante as ilusões do mundo com elementos disfuncionais.

O que relevas, para além de qualquer fama ou reconhecimento eventuais, no dia a dia de tuas condutas na experiência existencial, no entanto, é o que será determinante em relação aos resultados almejados e planejados.

A fé é o ingrediente básico para a sua utilização providencial e em sintonia com os anseios de transcendência.

Abre as expectativas amplas do fazer e a serenidade

por ela patrocinada, na certeza íntima do amparo e da proteção às tuas necessidades.

Guarda, então, a certeza de que as exigências e os requisitos se alinham com a tua capacidade de abnegação, resignação e força de trabalho.

E que, se te entregares de bom grado e com o sustentáculo da fé, estarás apto a bem compreender a mensagem do Mais Alto que te iluminará o percurso, como farol orientador a todo instante e em todas as circunstâncias que te exigirem a usança desses dons, assim como os que deles se valem para produção de amparo e esclarecimento, consolo e conforto.

Capítulo 4

MEDIUNIDADE TAREFEIRA

A MEDIUNIDADE-TAREFA É DOM psíquico ofertado ao trabalhador na condição de especialidade a assegurar as possibilidades de comunicação e estratégia para o apoio e o amparo, assistência e libertação dos grilhões dos sofrimentos, através da disseminação de faíscas iluminativas para a consciência e o entendimento das questões mais complexas da essência da alma humana.

As suas bases se assentam no modelo organizacional a se repercutir na estrutura somática, tornando palpável o pensamento soberano que é a instrumentália da razão.

Da interação natural e flexível dessas organizações materiais em dimensões variáveis se alavancam os processos integrativos para o esclarecimento bidirecional, na expressão do amor e da vontade divinos.

A recepção desses dons não se rege pelo privilégio, muito menos pelo recebimento indébito, mas pela necessidade de experimentação daqueles que se internam na dimensão grosseira da vida terrena.

Cuida, pois, do dom que recebeste e age sempre no sentido de manter esse instrumento (teu corpo e mente) nas melhores condições, posto que, pela sua conotação psíquica, o desgoverno e os desatinos dos pensamentos e dos sentimentos podem repercutir negativamente sobre a engrenagem medianímica, com sérios prejuízos para a sua utilização adequada.

A abnegação, a renúncia, o equilíbrio íntimo são atitudes íntimas indispensáveis à sua manutenção e o amor é o sentimento mais consistente para conseguir aquelas condições ideais.

Sustenta e lubrifica a tessitura mediúnica com a prática constante da verdadeira caridade.

Capítulo 5

MANDATO MEDIÚNICO

MANDATO MEDIÚNICO É OUTORGA da Providência ao Espírito em prova no mundo terreno para o desempenho de tarefa específica no campo das relações interdimensionais, com o definido propósito de crescimento anímico através da ação em favor do próximo no despertamento da alegria, da perseverança e da humildade.

Há, portanto, indisfarçável necessidade de apreender-lhe o significado e o processo de desenvolvimento, habilitando-se ao seu exercício o mais próximo possível da fidelidade ao conteúdo cognitivo e emocional do Ser consciente da dimensão espiritual.

Educar o dom recebido é dever do medianeiro, como bem preceitua Jesus na *Parábola dos Talentos*[2].

Os esforços, então, envidados no sentido de galgar a capacidade máxima para o usufruto do instrumento recepcionado é o que se espera do sensitivo felicitado com a oportunidade de trabalho na tarefa do Senhor.

2 Mateus, 25:14 - 30 e Lucas, 19:17 - 27.

Capítulo 6

CIDADANIA MEDIÚNICA

O MÉDIUM É CIDADÃO do mundo como qualquer outro dos seus companheiros de romagem terrena, cabendo-lhe desempenhar, dentro das melhores expectativas, seus deveres e direitos no seio da sociedade humana.

O médium deve ser instrumento de pacificação, competindo-lhe empreender todo o empenho para a pacificação mental e emocional dos aflitos e desesperançados que se lhe aproximem do labor mediúnico.

O médium deve dedicar-se com afinco para ser tarefeiro do bem que, em nome de Jesus, abre o coração ao sacrifício do bem-estar pessoal em favor do serviço e dos desvalidos.

Dessa maneira, o sensitivo precisa tornar-se veículo de satisfação e plenitude espirituais, impondo-se-lhe o conhecimento e a fé espíritas, no compartilhar de pensamentos e sentimentos com os seus irmãos de estrada e de calvário.

Exigem-se, pois, do agente da ação medianímica no

mundo, altruísmo, priorização, desprendimento dos valores materiais e a humildade de coração, se deseja servir fiel e eficientemente em sua tarefa com Jesus.

Capítulo 7

INTERCURSO MEDIÚNICO

O INTERCURSO COM AS consciências desencarnadas é amplo em possibilidades, mas restrito às nuanças e características de cada personalidade mediúnica.

O obreiro mediúnico propriamente falando, ou seja, aquele que foi agraciado com o talento da relação transdimensional como ferramenta de trabalho, na atual experiência corporal, o é em todas as horas do dia.

Porém, deve disciplinar-se, ao mesmo tempo em que estimula a disciplina aos que lhe procuram a faculdade, na ânsia de verem materializados seus pensamentos e sentimentos no mundo das formas a que frequentemente se apegam e se mantêm conectados pela força dos hábitos.

Assim é que deve criar método satisfatório com o fito de regulamentar o momento e o lugar para o encontro mediúnico formal, de modo a criar as melhores condições para o trabalho e a segurança indispensável a essa prática, ao mesmo tempo em que se permite contar com a presença dos bons Espíritos[3] e sua valiosa e inestimável orientação, na busca conjunta por um maior e melhor rendimento da sua lida.

O lugar preferido e mais indicado para a realização dessa práxis é, sem nenhuma dúvida, a psicosfera das dependências de um centro espírita bem estruturado, com sua simplicidade, beneficiado pelas pesquisas e a experiência de Allan Kardec e iluminado pelos ensinos dos Espíritos superiores contidos na denominada codificação espírita.

Nas demais ocasiões, o intercâmbio mental deve restringir-se à prece e ao aconselhamento no bem, sustentados pela fé e pela caridade, encaminhando-os para o núcleo espírita, para o seu atendimento oportuno nas reuniões organizadas e previstas, invariavelmente com o apelo à presença e o auxílio dos Espíritos que nelas labutam.

3 Nesta obra, por coerência doutrinária, grafaremos o vocábulo Espírito(s) com inicial maiúscula, sempre que se referir ao ser espiritual consciente de sua individualidade. Ver questões 23 e 76 de *O Livro dos Espíritos*. (Nota do médium).

Capítulo 8

DESOBSESSÃO E PREPARO

A EXPRESSIVIDADE MEDIÚNICA NAS sessões específicas e ordinárias direcionadas para o auxílio e amparo aos desencarnados, costumeiramente denominadas de desobsessão, nunca deve ser fruto da ocasião e do improviso.

Ao contrário disso, no geral, deve ser o resultado de planejamentos pregressos e pacientes feitos pela equipe dos experientes e bondosos trabalhadores desencarnados, com a aproximação e as devidas ligações do Espírito comunicante com o intermediário da ação mediúnica.

Tais aproximações, bastas vezes, são providenciadas e realizadas de forma paulatina, no cotidiano da vida, com reforço nos períodos naturais de desdobramento pelo sono.

Essas providências favorecem a comunicação mais espontânea, dando oportunidade ao medianeiro de tornar-se mais habilitado à atmosfera fluídica do desencarnado, assim também às suas necessidades próprias e características aflitivas.

Há, como se vê, um preparo sistemático do dirigente espiritual da atividade em pauta, o que implica na imperiosa necessidade de integração do compromisso do medianeiro a essa tarefa específica e aos trabalhos gerais da casa espírita, a que se vincula pelas afinidades, para seu devido respaldo.

Do seareiro do setor mediúnico, especialmente daqueles que se fazem a voz dos desencarnados, espera-se consciência e decisão de colaborar para que os desideratos de amor e caridade, fraternidade e solidariedade no desempenho de suas funções venham a se tornar realidade plena e robusta.

Capítulo 9

EXTENSÃO DO SERVIÇO DESOBSESSIVO

A EXTENSÃO DOS LABORES desobsessivos no centro espírita se faz muito além das observações meramente fenomênicas restritas à avaliação material e à concretude do espectro sensorial humano.

A interação "esclarecedor-medianeiro-Espírito comunicante", no que se refere às ideias e aos conceitos emitidos, assim também, às reflexões à luz da verdade, não se gessam, circunscrevem e individualizam apenas ao ser espiritual que recebe mais diretamente o acolhimento medianímico na ambiência psicofísica do centro espírita.

Essas experiências e vivências se expandem a um expressivo número de esferas espirituais que acompanham os procedimentos, a psicoterapia e as elucidações de modo a favorecer a continuidade do acompanhamento, preparando-os para um contato futuro em que se tornem mais flexíveis a uma assistência direta e individualizada.

Outros há que, pela identificação com os problemas, dores e aflições semelhantes àqueles apresentados pelo enfermo espiritual, em meio à trindade terapêutica desobsessiva, são também esclarecidos e consolados, recebendo ali mesmo, nas regiões de conflito e alienação em que se encontram, o de que carecem para a retomada de suas vidas e a renovação dos propósitos mais nobres e elevados, estimulados pelas equipes desencarnadas ali presentes.

É assim que grande contingente de enfermos desencarnados logra se libertar de suas inquietações e perturbações, sem a necessidade de comunicação direta nas reuniões objetivas da crosta terrena.

De forma mais extensiva ainda, podem se transmitir os esclarecimentos a regiões longínquas em que os tormentos e a escuridão predominam, com objetivos semelhantes aos daqueles que já se permitem deixar conduzir ao ambiente mediúnico propriamente dito.

O alcance da tarefa desobsessiva é, por conseguinte, de muito maior amplitude e alcance do que se pode vislumbrar da ação material limitada às paredes da sala mediúnica.

A consciência dessa penetração do serviço deve conduzir cada seareiro dessa atividade a um maior esmero para a consecução de seu lavor.

Capítulo 10

O MÉDIUM E A MEDIUNIDADE

SE RECEBESTE O DOM da mediunidade na atual passagem carnal, não te deves entender melhor ou pior que os outros, por isso.

Mediunidade não é privilégio nem maldição.

Mediunidade é instrumento de progresso espiritual e ferramenta de trabalho para a utilização no bem.

Se os dons medianímicos requerem vigilância e comportamento moralizado e ético para o seu bom uso e aproveitamento, deves entendê-lo como modulador e êmulo às tuas verdadeiras necessidades: as espirituais.

A sensibilidade mediúnica, assim como também outras faculdades psíquicas, clama por uma adequada aplicação por parte do medianeiro em favor de sua própria redenção, enquanto lhe propicia a prática caritativa, no estender as mãos amigas aos que padecem no Além-túmulo e oportuniza a felicidade de receber os ensinos libertadores dos servidores do Cristo compromissados com o momento de regeneração do planeta.

Como outro dom qualquer, a faculdade não é boa nem má, pois somente o ser pensante alinha-se ao bem ou cria, pela ausência deste, o mal que lhe servirá de parâmetro para a correção de rumos.

Cabe, pois, ao teu arbítrio, torná-la boa ou má.

Se recebeste a mediunidade na vigente encarnação, deves aceitá-la com humildade e agradecer aos céus por te permitir consolar, consolando-te ante as agruras existenciais; patrocinar a fé, fortalecendo em ti a fé e a certeza da imortalidade.

Capítulo 11

DISCRIÇÃO MEDIÚNICA

AS PERCEPÇÕES EXTRASSENSORIAIS CAPTADAS através das propriedades psíquicas devem ser encaradas com neutralidade e reserva pelo sensitivo. Jamais devem se prestar a especulações curiosas, ruidosas ou vaidosas.

Há que se fazer e constituir uma ética conducente à discrição e à sensatez, sem o que podem determinar grande mal-estar e frisson prejudicial, com as repercussões compulsórias aos seus agentes, através da lei do retorno.

Somente em situações muito especiais, excepcionais mesmo, e, ainda assim, com os devidos reparos e adequações poderá o médium relatar as suas experiências ao leigo e aos menos versados no assunto mediunidade.

O maior engano do medianeiro será o de torná-las elementos ou motivo de autoexaltação e hipertrofia do ego.

O compartilhamento dessas experiências somente deve se fazer em serviço mediúnico bem conduzido e orientado da casa espírita e, ainda assim, quando revestido de significância ao bom andamento dessa atividade.

Abstém-te, então, de propagá-las visando autopromoção e visibilidade pessoal para que não te distancies dos verdadeiros e nobres objetivos da faculdade que recebeste, tornando-te palco da perseguição de encarnados e desencarnados ávidos de imediatismos, de notícias prematuras e de emoções grosseiras, tornando-te vulnerável a processos obsessivos graves com alienação da tua funcionalidade mediúnica.

Capítulo 12

INFLUÊNCIAS RECÍPROCAS

A COMPLEXA RELAÇÃO MENTAL e perispiritual própria do processo de intercâmbio mediúnico nas contingências do trabalho desobsessivo costumam repercutir como sensações aflitivas e desagradáveis na estrutura biopsíquica do sensitivo, a traduzir as sensações experimentadas pelo Espírito comunicante, marcado pela impressão mental de suas dificuldades e sofrimentos físicos secundários às modificações e disfunções corporais, quando de sua desencarnação, ou ainda em suas dificuldades no Além, resultantes de seu apego à matéria e à vida biológica.

Esse mal-estar pode se apresentar ao medianeiro com antecedência, no preparo para a melhor efetivação do fenômeno mediúnico, durante dias e, até mesmo, semanas antes do trabalho a realizar; ou permanecer ainda por algum tempo depois sobre sua organização somática e a tessitura psíquica.

Pela mesma razão e através dos mesmos mecanismos, o intercurso profundo dos psiquismos envolvidos pela atração e a interação medianímicas, impressionam o desencarnado, a ecoar na forma de emoções, sentimentos e bem-estar.

Sendo assim, compete ao médium espírita - ilustrado, educado, cônscio dos seus deveres e imbuído do desejo de auxiliar o próximo - o preparo diuturno para a tarefa que abraçou, no cultivo de melhores sentimentos e pensamentos salutares, oportunizados pela fé e o otimismo que se lhe segue. O hábito de leituras pacificadoras e benévolas; o culto da oração em seu cotidiano e a prática do Evangelho de Jesus devem segui-lo em todas as suas ações no mundo.

Desse modo, estará apto para a recepção e o auxílio aos que lhe são conduzidos pela Providência Divina, restabelecendo-lhes as energias e influenciando-os nos sentimentos de esperança e desejo do bem.

Mantém, portanto, a alegria de servir, semeando a saúde espiritual em ti mesmo, para lograres ser obreiro de Jesus no acolhimento, auxílio e amparo aos aflitos de toda ordem que te buscam o concurso fraternal e amigo.

Capítulo 13

O MÉDIUM ESPÍRITA

NO DESEMPENHO DOS DOTES que acolheste pela ação da Misericórdia Divina, não te é bastante a viabilização dos fenômenos em seus aspectos meramente técnico e operacional.

Antes, faz-se imprescindível que reúnas mais as condições favoráveis a uma reflexão do móvel da tua ação acerca das causas e significados espirituais do existir pelo cultivo do conhecimento espírita e das próprias convicções.

Aprende a honrar os dotes recebidos pelo mérito da autoevangelização e a construir uma vida em sintonia com o amor, na prática da caridade, para que logres envolver os companheiros do invisível, que te buscam em desgoverno e desalinho mentais, com vibrações de paz e compreensão, respeito e estímulo no bem, coragem e serenidade.

Cultiva a certeza e a fé em um futuro mais digno e nas possibilidades reais de transformações e melhorias íntimas.

Acolhe com otimismo e paciência os destemperos e fragilidades dos Espíritos, utilizando-te de temperança e apreço, na proporção que desejas para ti mesmo o amparo do Alto, em tuas fraquezas e desvios.

Em suma, muito embora seja admirável o teu esforço no domínio técnico da faculdade que hoje apresentas, somente te farás médium espírita, na acepção real do termo, mantendo um relacionamento cordial, fraterno, exemplar e de gratidão para com aqueles que te oportunizam a vivência no bem e do amor.

Capítulo 14

PERSONALIDADE MEDIÚNICA

O TAREFEIRO DA MEDIUNIDADE recebe da Providência Divina os potenciais necessários à vivência consciente de relações com os habitantes da dimensão extrafísica da existência.

Ao desenvolver esses potenciais, o sensitivo constrói uma personalidade mediúnica, a partir desse inatismo e de sua relação com o meio e as oportunidades no mundo.

Cada médium, por isso mesmo, constrói uma faceta própria com que se desincumbirá de suas responsabilidades específicas nesse campo de experiências.

A edificação de uma personalidade mediúnica sadia e ajustada, para uma atividade equilibrada e produtiva no exercício mediúnico é da sua competência, trilhando pelo seu livre-arbítrio os passos necessários a esse mister.

A evolução do tarefeiro por esses caminhos que lhes são estimulados em suas relações íntimas com o seu orientador espiritual levam-no necessariamente à busca do autoconhecimento e do saber, no fortalecimento do EU mediúnico.

Há, pois, características pessoais à personalidade mediúnica, resultantes dos traços do Espírito investido temporariamente nessa modalidade psíquica, mas, analogamente à personalidade humana no entendimento dos estudiosos do comportamento, essa personalidade mediúnica também pode se modificar com o tempo, a partir das relações com o meio e pelo amadurecimento anímico e psicológico.

Isso quer dizer que aqueles que, por esse ou aquele motivo, construíram uma personalidade mediúnica passível de reparos, encontrarão nos estudos do espiritismo e na convivência fraterna e séria de um centro espírita bem estruturado, os estímulos passíveis de operar as devidas transformações, sempre a expensas do desejo e do esforço do próprio sensitivo.

Há, é certo, características próprias da alma do medianeiro, mas a boa prática dos seus potenciais mediúnicos estará sempre sujeita a ele mesmo, à sua edificação pessoal e ao distanciamento de suas vaidades e egoísmo herdados de si mesmo, nas personalidades pregressas da experiência reencarnatória.

Capítulo 15

ANIMISMO E MEDIUNIDADE

MANIFESTAÇÃO ANÍMICA É A expressão do inconsciente ou subconsciente do próprio sensitivo em seus pendores e experiências do passado recente ou remoto a repercutir no agora, a partir de fixação ou induções de fatos cotidianos.

Sendo a faculdade medianímica nada mais que a interpretação feita pelo sensitivo dos pensamentos e sentimentos dos desencarnados, nada mais compreensível do que a sua ativa participação no processo de comunicação.

Suas características, crenças e ecos tendem a servir de ruído de fundo na modelagem material das ideias e emoções do emissor de além-túmulo, pelas tradução e transformações das modulações fluídicas em ações sobre o fluido vital da organização perispirítica, a desencadear respostas fisiológicas nos múltiplos órgãos capazes de viabilizar essa transmissão.

O animismo é, assim visto, como elemento indispensável à consecução do objetivo mediúnico, sendo, porém, a partir de um elaborado trabalho de educação e adestramento medianímico, que se edifica o caminho para o refinamento e o adequado ajuste na composição da fidelidade ao Espírito comunicante, vertendo-lhe ideias e sentimentos com os recursos humanos imprescindíveis à efetividade do processo comunicativo.

Capítulo 16

REENCARNAÇÃO E MEDIUNIDADE

A MEDIUNIDADE É UMA *"disposição orgânica"*, ensina-nos Allan Kardec, em *O Livro dos Médiuns*[4], ou seja, se relaciona com as disposições orgânicas. Apesar disso, não se apresenta como evidências ou sinais conformacionais na estrutura corporal, sendo descoberta em eclosão espontânea ou secundária a treinamentos.

A organicidade a que se refere o eminente Mestre de Lyon está nas relações do corpo espiritual com o corpo físico e ao fato de ser o primeiro o instrumento patrocinador da comunicação pelo simples fato se constituir no elemento material comum aos envolvidos no fenômeno psíquico: emissor e receptor.

No estágio de desenvolvimento espiritual em que se encontra atualmente o planeta que nos abriga em nossa escalada ascensional, sendo esses dons fruto da bondade e da Misericórdia Divinas que os concede a título de

4 Segunda parte, cap. XVII, item 209. (Nota do médium).

empréstimo, na imensa maioria dos casos, necessário é que sua ligação durante o processo reencarnatório requeira ação específica, de técnicos do Além, para o estabelecimento da versatilidade mediúnica nos patamares de expressão usuais àqueles que satisfazem aos parâmetros considerados em sua rotulação e atividade.

Durante aquela operação, estímulos extraordinários são acrescentados ao modelo construído pelo Espírito reencarnante, ao longo das múltiplas experiências de gerenciamento da organização biológica, conferindo maior maleabilidade na formatação dos laços entre o corpo fluídico e os componentes celulares da gênese corporal.

Essa maior flexibilidade relacional é a base permissora da abertura de "janelas" intrínsecas promotoras de um encontro mais dinâmico no estado de vigília, enquanto franqueia maiores espaços para a intervenção indireta, porém mais decisiva, dos desencarnados sobre organização somatopsíquica do receptor encarnado, induzindo o processo de comunicação entre as duas dimensões existenciais.

Essas relações intercorporais próprias aos dotados da faculdade é que ditam, ao sabor das necessidades e planos para cada um, as diversas modalidades didaticamente organizadas e classificadas por Kardec, em *O Livro dos Médiuns*, e também as nuanças e particularidades de cada sensitivo.

A realização e o trabalho direcionado a esse proceder, por ocasião da palingênese[5], costuma ser da compe-

5 Nota do médium: Do grego *palin* (de novo) + *genesis* (geração) = nascer de novo; reencarnação.

tência dos "engenheiros do renascimento", pela aplicação de seus recursos técnicos e cognitivos.

Se a mediunidade, em si, tem disposição orgânica, o mesmo não se pode afirmar em relação ao seu uso que é da exclusiva responsabilidade de seu agente psíquico que lhe confere aplicação e conduta compatíveis com a sua vontade e arbítrio.

Capítulo 17

MEDIUNIDADE E ESPIRITISMO

MEDIUNIDADE E ESPIRITISMO SÃO vocábulos que surgiram com significados específicos, quando da organização e consolidação da tarefa relevante de Allan Kardec.

A faculdade psíquica, inerente ao Espírito humano, foi, ao mesmo tempo, beneficiadora e beneficiada pelos estudos do eminente sábio reencarnado com a missão digna e benfeitora de fincar na Terra e no conhecimento humano as bases e diretrizes de uma nova era para a Humanidade.

Os dons medianímicos foram o meio que franqueou as lições mais transcendentes ao trabalho científico de Kardec, instrumento hábil para o relacionamento da falange do Espírito de Verdade com o seu representante terreno à época.

Foi assim que a mediunidade foi fomentadora de luz a agir em benefício da concepção da doutrina. Mas, simultaneamente, as pesquisas do insigne missionário da Verdade, unindo fé e razão e utilizando-se da metodologia científica vigente, a partir das observações dos fatos mediúnicos, estabeleceram as normas e a estrutura de funcionamento desses fenômenos, abrindo clareiras significativas para a sua compreensão mais ampla e, por isso mesmo, para o seu uso mais consciente e produtivo com a segurança e a potencialização imprescindíveis ao seu melhor aproveitamento.

Nesse sentido, a mediunidade teve grande evolução, sendo então beneficiada.

Não há, então, como confundir uma com a outra terminologia, pois, enquanto é ampla e constituída em saber como doutrina, a outra é ação e atitude coordenada e digna no campo da comunicação, a requerer preparo e condução compatíveis com os ditames científicos e sua destinação instrumental, intermediando o esclarecimento e o consolo entre as humanidades separadas unicamente pela caracterização e categorização diferentes do seu domicílio existencial.

Capítulo 18

SINAIS E SINTOMAS EVENTUAIS

A ESTRUTURA FISIOPSICOESPIRITUAL DO sensitivo apresenta características e nuanças próprias decorrentes de elementos intrínsecos e extrínsecos ao psiquismo da personalidade mediúnica que o ostenta.

As inter-relações das organizações perispiritual e somática se destacam pela flexibilidade predisponente a uma mais intensa e facilitada influenciação por outras correntes mentais e emocionais independentes e alheias a ela.

Além disso, a própria constituição natural de seu sistema neuroendócrino está adaptada à fisiologia e à funcionalidade da práxis mediúnica.

O reconhecimento dessas características, desse perfil, além do adestramento de seus potenciais e recursos específicos é que permitirão ao medianeiro as reações psíquicas adequadas e as tomadas de decisão para um direcionamento administrativo dos "sintomas e sinais" psicoespirituais manifestados através de sua indumentária biológica.

Oscilações do humor ocasionais e estados transitórios de ansiedade e angústia, bem como a súbita instalação de pensamentos obsessivos e impulsos compulsivos devem ser entendidos como captação das ondas psíquicas e emocionais geradas por companheiros desencarnados (às vezes encarnados), em registros naturais e compreensíveis à antena psíquica em registros fugazes ou preparatórios para a atividade.

O médium educado em sua faculdade paranormal logrará neutralizar tais intercorrências, superando-as e suplantando-as pelo esforço e o controle apropriados, em associação aos recursos magníficos e indispensáveis da fé, da prece e pela prática do bem.

A eventualidade e a capacidade de domínio e neutralização sem prejuízo para o cotidiano se constituem parâmetros decisivos para o afastamento de hipóteses diagnósticas de transtornos de gênese anímica ou ação obsessiva.

Capítulo 19

DISCIPLINA

REQUISITO INDISPENSÁVEL PARA O bom desempenho mediúnico, a disciplina é o esteio e o sustentáculo da atividade equilibrada e produtiva.

Médium disciplinado não significa apenas ter o controle fenomênico e a adequação às necessidades práticas do dia a dia da mediunidade, em suas tarefas específicas.

A disciplina é a chave que abre as veredas do esclarecimento e da renovação estruturada e integral, pelo senso de responsabilidade e de dedicação plena ao serviço.

Guarda em teu coração, médium espírita, a alegria da labuta e submete-te às injunções disciplinares, para que te protejas dos próprios destemperos, no assumir do controle dos teus recursos.

Faze da disciplina vigor caritativo para o bem social e para a contenção das tendências negativas imersas na profundez do teu psiquismo e que te poderiam desviar do campo das tuas mais santas responsabilidades.

A disciplina em tua faina é o fluido imponderável que te encaminha para o fluxo contínuo da atividade promissora e completa, resguardada pela lei imutável do amor.

Capítulo 20

ESPIRITISMO E DOUTRINAÇÃO

O ESPIRITISMO É DOUTRINA de livre manifestação, sem a pretensão de impor seus fundamentos, por entender ser decisão inerente a cada criatura a escolha do caminho a seguir.

Não tendo, pois, objetivo proselitista é que a doutrinação de Espíritos, sob sua tutela, é atividade caritativa e fraterna de dispor ao alcance dos desencarnados a luz da lei divina, no sentido de clarificar consciências e abrandar sentimentos.

O esclarecimento das leis regentes do universo, tocadas pelas bênçãos do Evangelho de Jesus, na doutrinação espírita, deve ter por propósito exclusivo orientar e esclarecer, facilitando e favorecendo aos que se encontram desgarrados a retomarem sua caminhada na direção do amor e do progresso, destino último e inexorável de cada filho de Deus.

Se abraçaste a tarefa de esclarecer essas consciências conduzidas às reuniões mediúnicas de caráter desobsessivo, lembra-te de que terás diante de ti irmãos que, embora, muitas vezes vociferantes, sem o saber ou querer, clamam por teu amor e tolerância, respeito e atenção, como instrumento dócil e flexível à vontade e ao amor divinais.

Pontua e pondera, então, as tuas palavras e o teu comportamento com alicerce nas luzes emanadas da espiritualidade das páginas espíritas, cuidando para que se transformem em bálsamos de esperança e de paz nos corações desassisados e revoltos desses companheiros em infortúnio.

Faze do estudo, da oração e da fé no cotidiano instrumentos permanentes a te permitirem o melhor desempenho no exercício desse trabalho e agradece ao Alto os benefícios e o farol para que suplantes o nevoeiro que ainda te envolve a existência, pensando no bem que podes fazer aos teus irmãos aflitos e sofredores pelo ódio ou pelos dramas conscienciais.

Capítulo 21

IMUNIDADE MEDIÚNICA E DESINTERESSE

A VIVÊNCIA MEDIÚNICA É campo aberto às mais diversificadas relações, a expor os seus obreiros encarnados às ações nefastas de Espíritos inescrupulosos, maliciosos e malfazejos.

Inexoravelmente levado ao encontro dos irmãos em desalinho, para fazer-se instrumento do amor, o trabalhador mediúnico contará, a partir dos estudos espíritas, com as informações imprescindíveis sobre cuidados e atitudes salutares a serem tomados, para o desenvolvimento da imunidade necessária no trato com tais desalinhos.

O antídoto de maior destaque é, sem dúvida, a expectativa de sua vivência distante de quaisquer interesses egoicos. O labor mediúnico experienciado com propósitos e buscas de vantagens pessoais resultará inexoravelmente no distanciamento dos bons Espíritos e consequente aproximação, com domínio, de Espíritos malévolos e viciosos, pseudossábios e autoritários, determinando desvio daqueles seus objetivos mais sérios e profundos, a resultar em adoecimento espiritual, psíquico e mesmo orgânico.

Despoja-te, pois, de qualquer pretensão vaidosa ou desejo de privilégios para que te eleves à condição de resistente às manobras e insinuações dos Espíritos perversos e levianos. Somente assim construirás os recursos de defesa e proteção pela práxis verdadeiramente espírita, no teu dia a dia.

O desinteresse pessoal e o interesse no bem, pelo reconhecimento dos propósitos da bênção mediúnica acolhida, são instrumentos para a tua defesa e para o alcance dos mais lídimos objetivos da mediunidade.

Capítulo 22

LIÇÕES DE VIDA

AS DORES E TRAGÉDIAS testemunhadas na psicoterapia desobsessiva, por ocasião das reuniões mediúnicas, presenciadas pelos componentes dessa atividade, são eloquentes lições de vida a lhes confranger o âmago, tocando-lhes as fímbrias da alma, em reação de piedade e consternação, mas que devem ser refletidas e analisadas como instrução para a educação do Espírito.

Julgar-se imune àquelas problemáticas é postura inconsequente e inconsciente da própria realidade íntima de profundidade.

Agradece, pois, àqueles que abrem suas vidas e suas mazelas na busca de auxílio, por se tornarem mestres, sem o saberem ou quererem, para o teu aprendizado, no intuito de te preservar de desatinos e irreflexões posteriores.

O repositório de experiências ali encontrado vale por vários compêndios teóricos, posto retratarem o estado atual do espírito humano em suas fragilidades e limitações.

Aprender-se com a praticidade das relações é prova de sabedoria e humildade, virtudes ainda tão escassas e inconsistentes no momento evolutivo planetário.

Capítulo 23

O VALOR DA PALAVRA

A LINGUAGEM ARTICULADA NA forma de voz é recurso de comunicação indispensável, mas incalculável em suas repercussões, nos planos humanos, posto se revestir de objetividade de entonações moduladas pelos recursos da prosódia, ou seja, da pronúncia.

Nos encontros desobsessivos, os Espíritos sofredores e transtornados que se comunicam, pela sua aproximação vibratória com a vida na crosta terrena e por seus hábitos da vida mundana, necessitam sentir a voz sincera e fraterna do esclarecedor para a sua conversão das necessidades pessoais de renovação e resolução dos seus problemas.

A palavra falada é, pois, instrumento dos mais hábeis para o amparo desses irmãos desarvorados e aflitos, ali conduzidos para a recepção das terapias cognitiva e fluídica.

É, então, motivo de graves reflexões por parte de quem abraça o ministério da doutrinação de Espíritos, sobre o que vem realizando em sua alocução funcional.

O certo é que a voz, para esses companheiros desorganizados, será de grande e extrema valia, se expressa com profundo sentimento de amor, na inflexão bem realizada pela caridade melhor entendida e a sinceridade de propósitos e objetivos.

Carece, também, de ser orientada pela humildade, no reconhecimento da própria inferioridade, ante a vivência da lei de Deus, para que possa se identificar com esses irmãos, em processo de empatia e fraternidade.

Usa da palavra com moderação, franqueza e firmeza, mas sempre ancorado e inspirado no Evangelho de Jesus, o excelso médico das almas e dos Espíritos.

Capítulo 24

INTRUSÕES MEDIÚNICAS

AS RELAÇÕES OBSESSIVAS SE estendem para o Além, determinando estados de interação e domínio, com atividade e passividade, a requererem correção e reajuste para o curso natural da liberdade e do respeito, segundo a lei natural.

O domínio que se estende para o Além, na forma de ódio, sensação de poder e desejo de exploração podem se manifestar no contato mediúnico, quando da comunicação do obsidiado desencarnado, pela interferência e a intrusão do obsessor, em situações impactantes e desconcertantes para o médium e para o esclarecedor.

Esse fenômeno pode ocorrer em algumas situações, quando os obreiros do bem não lograram o convencimento na dimensão espiritual, recorrendo ao "choque mediúnico", forma excepcional que visa impedir graves reajustes e vivências dolorosas através das reencarnações compulsórias e ao sabor da lei de causa e efeito, como, por exemplo, o parasitismo fetal, já bem estudado pala medicina terrena, em suas mais diversas apresentações.

Cabe aos obreiros da mediunidade com Jesus se fazerem dotar dos mais amplos entendimento e caridade na condução desses casos de litígio com relações invasivas por domínios indébitos, posto serem os instrumentos objetivos da ação espiritual de auxílio, para o reajuste e o reequilíbrio.

Capítulo 25

ESPONTANEIDADE MEDIÚNICA

A FENOMENOLOGIA PSÍQUICA É manifestação orientada de forma natural pela lei da espontaneidade, desde que sejam observadas as regras de segurança e proteção no trato com as forças do invisível.

O medianeiro que força a comunicação, seja premido pela injunção circunstancial ou pela indução de terceiros torna-se alvo comum das manifestações anímicas e pessoais, pelo desejo de mostrar serviço, na tradução das intenções e preocupações do momento e do grupo; mas, também, presa desprotegida e almejada pelos Espíritos inescrupulosos que tentam moldá-lo e comandá-lo.

Toda atividade mediúnica, conquanto se disponha cada um ao trabalho, precisa ser pautada pelo total desinteresse pessoal e pela espontaneidade natural, quando sob a orientação dos coordenadores, gestores e amigos do invisível.

Cuidar de ater-se às influências espirituais sem a obrigação de exteriorizar comunicações expectadas e almejadas pelo meio externo é atitude prudente e desejável para o tarefeiro do intercâmbio espiritual.

Apresenta-te, assim, ao trabalho, mas aguarda com paciência e resignação, no cumprimento das realizações que te cabem intermediar e não comandar.

O preparo e a espontaneidade constituem o indispensável e o necessário à obra com que te honra o Pai Celestial, na seara da comunicação com os teus irmãos desencarnados.

Capítulo 26

MEDIUNIDADE E MONOTONIA

NO COTIDIANO DO LABOR desobsessivo na casa espírita, a despeito das particularidades e peculiaridades dos irmãos em desgoverno e em sofrimento que se manifestam, há uma certa reprise de casos e situações, o que para muitos companheiros encarnados pode causar alguma sensação de monotonia, determinando-lhes algum embaraço em sua motivação para o seguimento do labor nesta seara.

A repetição dos problemas apresentados deve ser considerada resultante das similitudes e afinidades condicionadas ao instante evolutivo do planeta.

Apesar disso, o medianeiro consciente, sabedor de que o trabalho tem por finalidade o amparo, o esclarecimento e o consolo aos que lhe buscam o concurso fraterno, deverá agir como o professor que não se esfalfa nem se nega a reiterar as lições para os seus pupilos, no mesmo momento, nem ano após ano em seu mister, construindo aos poucos, com o seu denodo, o conhecimento e o saber em sociedade.

Em toda relação no contexto social, funcionamos simultaneamente como mestres e discípulos, ensinando e aprendendo concomitantemente.

A educação requer paciência e o aprendizado é facilitado pela renovação das lições.

A alegria de servir, por outro lado, é o bastante para motivar o aluno compromissado com Jesus, neutralizando a falência humana de rejeição à monotonia do senso comum.

Manter o interesse constante nesse objetivo do bem é a fórmula ideal e capaz de abrir os olhos da alma às peculiaridades de cada manifestação, por conta da diversidade em meio à unidade.

Os problemas podem ser os mesmos, mas diferentes são as reações íntimas de cada um a seu respeito.

Capítulo 27

DIÁLOGOS ÍNTIMOS

O ACOLHIMENTO INICIAL AOS Espíritos que se manifestarão nas reuniões terapêuticas de desobsessão, na casa espírita, é usualmente patrocinado pelo medianeiro.

A ligação mental, que se processa nos momentos que antecedem o intercurso propriamente dito, favorece o diálogo consistente e capaz de beneficiar e favorecer as manifestações e as carências do comunicante, tornando-o mais flexível aos ensinamentos e propostas terapêuticas aos seus desequilíbrios e angústias pelo esclarecedor, sob a inspiração e o amparo da espiritualidade diretora do encontro.

Nos momentos que antecedem imediatamente a expressão mediúnica, cabe ao médium, sempre que possível, dialogar de maneira fraterna e apropriada com o companheiro do invisível, que se utilizará de seus recursos medianímicos.

O diálogo pertinente requererá invariavelmente do medianeiro conhecimentos evangélicos e doutrinários, além da imprescindível empatia.

Porém, mais que isso, necessitará da predisposição íntima e do sentimento de fraternidade, ancorados na caridade que não julga e na compreensão das mais genuínas necessidades do Espírito, assim como de posição mental de amparo e de calma.

Consciente dessa responsabilidade que lhe é inerente, o obreiro da mediunidade torna-se muito mais que uma caixa repetidora vocal ou gráfica, mas elemento destacável para o sucesso da aferição de esclarecimento e amparo espirituais.

Manter a pacificação interior sob a meridiana luz do Evangelho de Jesus deve ser, pois, a tônica do cotidiano das relações com o invisível, pelo comportamento proativo e amoroso do medianeiro.

Capítulo 28

CHOQUE MEDIANÍMICO

NO PROCESSO INTERATIVO MÉDIUM-ESPÍRITO comunicante, por ocasião da fenomenologia psíquica, as impressões somatopsíquicas repercutem relevantemente, de forma polarizada.

A expressão desses relacionamentos interperispirituais complexos, modelada pelos estados psicoafetivos circunstanciais, são de tal magnitude que promovem alterações perispirituais e emocionais secundárias, a se refletirem em cada membro do binômio medianímico.

As ações espontâneas do Espírito em descompasso sobre o sensitivo bem preparado, vigilante e cuidadoso, costumam ser efêmeras e se extinguir quase que por completo e de imediato, no mais das vezes, com os recursos da vontade firme e da prece.

As ressonâncias sobre o ser espiritual que se comunica constituem-se no que se pode denominar de "choque mediúnico", a reverberar por tempo prolongado sobre a entidade espiritual, a lhe favorecer as reflexões na busca de renovação e transformação; e lhe exteriorizar as necessidades anímicas profundas, frequentemente negadas pelo seu consciente.

Entende, então, caro medianeiro, a imprescindibilidade do preparo intelectomoral e afetivo no labor de intermediação com que te brinda a Providência Divina.

Se assim agires, cooperarás positivamente na motivação para o bem em teus companheiros desafortunados do Além.

Cuida que esse "choque anímico" não o desarvore, mas que seja positivo e proveitoso.

Capítulo 29

INÉRCIA MEDIÚNICA

OS NEÓFITOS DA MEDIUNIDADE, em seu afã de manter contato objetivo com os desencarnados, e, bastas vezes, ainda sob o entendimento subconsciente de uma relação mágica e sobrenatural, resquício de sua anterioridade e atavismo, gravada nos escaninhos do inconsciente, imaginam-se, com alguma frequência, instrumentos passivos da operação mediúnica e que todos os Espíritos têm amplo poder e ilimitado conhecimento, como se pensava dos "deuses" no politeísmo.

Assim, aguardam que os Espíritos reforcem essa sua expectativa.

Nesse processo relacional, existe uma grande inércia por obstáculo, a requerer a ação de ambas as partes, mas, em especial, do agente encarnado, para dar início à comunicação, facilitando ao desencarnado o assumir de sua atitude nesse procedimento interativo.

Cabe ao medianeiro compreender o fenômeno em seus mecanismos e tomar a iniciativa à apresentação e inter-relação com o comunicante indeciso, rompendo a barreira e suplantando a inércia.

Lembrar que o pensamento e o desejo de auxiliar são os mais poderosos instrumentos na indução dessa modalidade comunicativa.

Capítulo 30

MEDIUNIDADE E SUBMISSÃO

O MÉDIUM ESPÍRITA QUE desenvolve a consciência da tarefa que o aguarda e das responsabilidades que lhe pesam sobre os ombros, a lhe conclamar ação e atitude caritativa e desprendida no trato com os que lhe buscam o concurso fraternal em ambas as dimensões existenciais, submete-se de boa vontade e com alegria a esses ditames e às nuanças da faculdade recebida, sob a inexorável lei de justiça, amor e caridade.

Confia em Deus e serve destemida e firmemente, sem cobranças egoicas nem desejo de privilégios pessoais.

A submissão à Vontade Divina não anulará a sua capacidade de análise e crítica das tarefas, mas o tornará imune aos arrastamentos da vaidade e dos possíveis destaques terrenos.

Conscientiza-se das suas limitações e atribui todo o seu sucesso à Sabedoria do Pai de amor e bondade.

Entrega-se, por fim, de corpo e alma à tarefa que recebeu pela misericórdia de Deus e deixa-se anelar pelo serviço desinteressado, na construção das competências que rogam edificação para o seu bom desempenho, através do denodo, do esmero e da perseverança.

Submete-se assim à prova e ao trabalho que lhe bate à porta da existência.

Capítulo 31

MEDIUNIDADE E SINTONIA

AS PALAVRAS, CONQUANTO DESTACÁVEIS nos relacionamentos humanos, requerem, para o intercurso comunicativo, regência fiel à estrutura mental de cada ser psíquico, bem como a expressão da melodia real dos sentimentos.

Do contrário, soarão vazias na transmissão de uma realidade inexistente, do ponto de vista de sua condução fluídica.

Os pensamentos se casam com as emoções, a caracterizarem o tônus mental de cada indivíduo.

Agindo sobre o mar fluídico (energético) universal, o psiquismo, pela frequência emanada, comanda as afinidades e as companhias dos que respiram e habitam em sintonia, nas diferentes esferas existenciais que se tocam e se interpenetram, construindo pontes, em subconjuntos por interseção de seus elementos comuns.

Em mediunidade, o obreiro necessita de aprimoramento e esforço continuados, para construir as predisposições compatíveis com o progresso alcançado ou a caminho de resolução, para que se consolidem as melhores condições para o intercâmbio mediúnico, influenciando positivamente os mais carentes e sendo, por sua vez, influenciado pelos Espíritos compromissados com a verdade.

Somente assim encontrará todas as possibilidades para o cumprimento o mais próximo do ideal do seu papel, dignificando o dom que lhe foi facultado.

A imperfeição momentânea do obreiro medianímico na Terra, cria naturalmente as sintonias para a potencialidade do encontro nesse labor, mas torna-o, pelo dom recebido e pelo conhecimento existente a seu dispor, responsável pelo desfecho final positivo, naquilo que dele dependa.

Há, então, diferentes sintonias que o médium precisa utilizar a bem do seu compromisso mediúnico. No entanto, para que possam ser atingidos os seus nobres objetivos, imprescindível se mantenha a sintonia com as forças do bem, para que se produza uma ação salutar sobre o Espírito comunicante, pelos reflexos que permitirão seu reajustamento.

Ajusta, pois, a tua sintonia às necessidades decorrentes de tuas responsabilidades com o dom mediúnico.

Capítulo 32

MEDIUNIDADE E EVANGELHO

A TAREFA MEDIÚNICA É, como outra qualquer, oportunidade franqueada ao Espírito viajor para o seu aperfeiçoamento na edificação de uma sociedade e de um mundo melhores, pelo serviço modesto prestado ao próximo com seriedade, paciência e humildade, motivado pelo amor ao semelhante.

Por tudo isso, o obreiro da mediunidade encontrará no Evangelho de Jesus, os ditames indispensáveis à sua prática, para os resultados enobrecedores e profícuos no bem.

Amparados pela essência daqueles preceitos, o trabalhador dessa seara logrará construir um caminho beneficente e promissor, sempre à busca de amparar os aflitos e desalentados, os impacientes e inquietos.

A luz profusa da Boa-Nova do Mestre é a segurança imprescindível à realização de uma tarefa reta e enriquecedora.

O estudo e a reflexão acerca do ensino moral de Jesus, além de ampliar e abrir os olhos de todos para percepções cada vez mais largas, funcionam como ajuste e proteção necessária à boa práxis da mediunidade.

Mediunidade sem Evangelho é como embarcação à deriva em noite escura e tenebrosa.

Faze, pois, da Boa-Nova de Jesus, o lume maior para a tua expansão existencial.

Capítulo 33

EDUCAÇÃO E MEDIUNIDADE

EDUCAR É AÇÃO ORGANIZADA com o objetivo de transformar comportamentos e atitudes, a partir da vontade e do esforço iluminados pelo conhecimento sob o pálio do amor.

Potenciais são valores já desenvolvidos, ou em desenvolvimento, ou ainda recebidos por empréstimo de misericórdia para a experiência terrena.

Práxis é atividade orientada pelo saber e com efetivas possibilidades de aproveitamento.

A prática da mediunidade deve ser, para a maioria dos trabalhos terrenos, digna experiência educativa para o amparo, o progresso e a construção palpável nos dois lados da vida, considerados, no mundo das formas, como visível e invisível.

Os dons e potenciais devem receber dos seus portadores todo o esforço e a consciência, o trabalho e a responsabilidade, no sentido de tornar-lhes factíveis através da educação no controle de seu *modus operandi*.

Educar a mediunidade é aprimorar-se, a partir do conhecimento da ciência espírita e do domínio dessa faculdade, com o fito de bem servir na senda cristã.

O preparo para a tarefa auferida requer demanda de tempo e aprendizado, mas reflete-se positivamente no usufruto da tarefa com maiores e melhores perspectivas.

Capítulo 34

DISCERNIMENTO E PRÁXIS MEDIÚNICA

SE DESFRUTAS DO DISCERNIMENTO e da clareza mediúnicos, reflete nas bênçãos que isso representa para o bom desempenho dos dons acolhidos da vida para a maturação anímica, a partir do trabalho voluntário e desinteressado no atendimento intermediário aos atormentados de todo jaez, em todas as dimensões do existir.

Reflete no que tal benesse significa quanto à tua fidelidade à verdade evangélica e espírita, reconhecendo-te usufrutuário da Bondade e da Misericórdia Divinas, no patrocínio dos ensejos na construção do bem no mundo em que vives.

Considera, assim, que nada te pertence nessa atividade, com exceção do livre-arbítrio, instrumento volitivo de ação e promotor do bem-estar ou do mal-estar consonante as opções por ti escolhidas nas ações perpetradas.

O melhor uso que darás à oportunidade recebida será invariavelmente o do teu desapego ao ego em favor dos tutelados do amor, que te requerem o concurso afetuoso e, por conseguinte, sem vantagens outras senão a de servir.

Abraça, pois, o encargo recebido com denodo e perseverança, certo de que assim somente merecerás o apoio e a proteção dos obreiros da Caridade.

Capítulo 35

MEDIUNIDADE E SAÚDE

O CONDÃO MEDIANÍMICO É essencialmente instrumento de comunicação, não apenas entre os diferentes segmentos existenciais, mas, também, entre o presente e o pretérito daquele que o recebe por elemento de trabalho espiritual na experiência reencarnatória.

Por isso mesmo, os desvios e uso inadequado tendem a repercutir na economia somatopsíquica de seu detentor.

Preservar a personalidade mediúnica é construir as melhores contingências no processo de identificação dos Espíritos comunicantes.

Dar curso natural ao processo legítimo das relações interdimensionais, por sua vez, confere ao medianeiro as melhores possibilidades para a manutenção do seu equilíbrio, com ação positiva sobre a saúde integral.

O autoconhecimento e as capacidades de autoamor e de autoperdão são ingredientes indispensáveis para o exercício harmônico e produtivo na relação de amor e tolerância em favor dos que se utilizam dos recursos medianímicos para o esclarecimento e os conflitos anímicos.

O cotidiano bem conduzido do mister mediúnico, sob o amparo da estrutura bem orientada dos princípios espíritas, reforça o sistema hemático e imunológico, pelo curso adequado das energias que lhe compõem e transitam no corpo espiritual.

Compromisso, responsabilidade, alegria e submissão consciente aos desígnios divinos são fatores salubres de alta relevância não apenas para a saúde espiritual, como também para a harmonia do corpo físico.

Capítulo 36

DIÁLOGOS COM O INVISÍVEL

NOS DIÁLOGOS COM OS irmãos do invisível reconsidera o que lhes deves perguntar.

Aos sofredores e desequilibrados, respeita-lhes as dificuldades e limitações do momento, abstendo-te de causar-lhes constrangimentos inadequados e comprometedores, em julgamentos ou inconveniências mórbidas, usando da caridade para com todos, ao mesmo tempo em que te ponhas em seus lugares, sob a excelência da Regra Áurea, da mensagem crística nos Evangelhos.

Ao receberes o concurso amigo e orientador dos bons Espíritos, contém a curiosidade e os desejos particulares e manipuladores, posto não serem os Espíritos elevados teus subordinados e, menos ainda, sujeitos às tuas manobras mesquinhas de saber.

Pondera e alinha os teus questionamentos, enquanto analisas a superioridade dos ensinamentos e o seu significado moral e espiritual, preservando-te da pompa das falácias.

Seguindo essas instruções de bom-senso e de respeito às leis da civilidade e da coerência, não naufragarás em desarmonia e contundência reativa dos menos aquinhoados de saber e que intentam influenciar-te com ideias de "libertação" dos instintos e de egolatria.

No trato com o invisível, age sempre com prudência, caridade e humildade.

Capítulo 37

PROVAÇÃO, EXPIAÇÃO E MISSÃO MEDIÚNICAS

A EDUCAÇÃO ANÍMICA É estrada palmilhada pelo ser consciente, nas esteiras do espaço e do tempo, sob as mais variadas injunções de carências e experimentações múltiplas.

Comunicação é lida básica na construção das virtudes, haja vista a imposição providencial da lei de sociedade.

Assim, também, as relações interdimensionais fazem parte desse projeto de construção da cidadania universal.

O Espírito, ao longo de sua trajetória evolutiva, granjeia, em múltiplos momentos, a ferramenta da mediunidade-tarefeira.

A forma como desempenha essa função determina-lhe situações quanto ao trabalho que, a despeito do seu estágio de conhecimento e desenvolvimento anímico, terão aspectos relacionados com o propósito educacional de objetivos definidos.

Nesse sentido é possível, do ponto de vista essencialmente didático, classificar a assunção daquela faculdade e atuação como: provacional, expiatória e missionária.

De acordo com os objetivos específicos do dom para cada experiência e circunstância individuais, é que se pode tipificar essas experiências medianímicas como tarefa específica relativa ao estado consciencial do Espírito.

A "mediunidade provacional" teria o propósito de erigir no Espírito a paciência e a resignação, a dedicação e o equilíbrio indispensáveis ao seu exercício.

A "expiatória", resultaria de ações negativas pretéritas de mau uso próprio ou de perseguição em relação a outrem, sendo oportunidade de resgate, correção e aprendizado com o próprio erro.

A "missionária" põe-se ao dispor do sensitivo para a construção de portais entre os dois mundos, no conhecimento e no acolhimento da verdade e da luz.

A cada um se dará de acordo com as suas necessidades, mas um só é o caminho a seguir para o alcance de seus objetivos superiores: disciplina, amor, respeito e preparo.

Capítulo 38

POSTURA NO TRATO COM OS ESPÍRITOS

OS OBREIROS DO LABOR mediúnico, em suas relações com os Espíritos situados na erraticidade, precisam seguir os padrões éticos e morais correntes e elevados, requeridos no cotidiano dos relacionamentos terrenos.

Respeito, fraternidade e caridade para não agredir as consciências devem constituir a preocupação corriqueira daqueles.

Atentar sempre para o fato de que os desencarnados nada mais são do que as pessoas que atravessaram os portais interexistenciais, pelo fenômeno da morte biológica, mas que conservam suas características e dificuldades, seus complexos, particularidades e conflitos.

Cabe, assim, ao sensitivo tomar todas as precauções e agir invariavelmente de modo a não expender julgamentos apriorísticos relativos aos que se lhe acercam pelo dom mediúnico, criando as necessárias empatias, pela fraternidade e pelo desejo de auxiliar.

Do esclarecedor se espera postura acolhedora, gentil e amistosa para que a comunicação se faça da maneira mais satisfatória e produtiva, em sintonia com a boa técnica do processo comunicativo.

O que unicamente nos separa entre as dimensões sensoriais e extrassensoriais é simplesmente a organização somática destrutível e perecível.

Capítulo 39

O FANTASMA DO ANIMISMO

AS REUNIÕES MEDIÚNICAS DE acolhimento, consolo e esclarecimento realizadas na casa espírita têm por objetivo o cuidado das relações entre os mundos material e espiritual, com possibilidades reais de tratamento recíproco dos males anímicos dos que ali se relacionam.

A necessidade da vivência fraterna e a consciência das imperfeições que ainda dominam o palco terreno não devem ser esquecidas, posto predispor a uma disciplina inflexível e contundência nas análises das manifestações mediúnicas que visam essencialmente o amparo e o esclarecimento dos seus agentes.

Não se deve, portanto, adotar-se o excesso de rigidez requerido nas pesquisas científicas, porque essa atividade em um núcleo espírita pressupõe o conhecimento prévio e a certeza desses contatos, a partir dos postulados espíritas, contidos nos livros básicos do espiritismo, por parte de todos os seus integrantes encarnados.

Logo, sem a preocupação de provar o que já está sobejamente demonstrado experimentalmente por grande número de estudiosos da fenomenologia psíquica: o fato mediúnico.

Desfazem-se, assim, pelo exposto, o medo e a resistência à comunicação possível das manifestações anímicas.

Algumas vezes, o Espírito tratado é o próprio medianeiro que, como qualquer desencarnado, também traz consigo suas necessidades no inconsciente, carecendo da psicoterapia espiritual em pauta.

Isso, de *per si*, não impede que o trabalho prossiga dentro do preestabelecido pelos ensinos contidos em *O Livro dos Médiuns* e pela metodologia de trabalho própria do grupo.

Procurar esmerar-se e esforçar-se para servir de intermediário fiel e fraterno aos que o buscam do Além deve ser o objetivo de todo médium espírita em suas ações específicas nesse campo, mas sem a "auto-obsessão" quanto ao que exterioriza, na posse da humildade necessária para a análise e conhecimento de sua performance na função que desempenha.

Aliviado daquelas pressões internas e externas, o sensitivo se tornará mais espontâneo, conquanto a necessidade de seguir os trâmites que lhe regulam o exercício.

Cabe, então, ao dirigente mediúnico a função de acompanhar e avaliar as dúvidas referentes ao comportamento e à expressão mediúnicos, sempre a considerar as diretrizes sublimes desse mister ante seus compromissos com a caridade e o amor.

Capítulo 40

AMOR À MEDIUNIDADE

O AMOR À TAREFA mediúnica por parte do mediador fenomênico é condição de relevo para o equilíbrio e a retidão nessa ocupação.

Amor à tarefa de intercâmbio espiritual é atitude de entendimento maior e aceitação venturosa das suas funções e dos seus objetivos horizontais e verticais.

É desapegar-se do amor próprio deformado.

É preferir anular-se como pessoa ante a possibilidade de servir.

É doação constante, desinteressada e de boa vontade.

É a compreensão de que todas as benesses e o valor maior provêm do Senhor de nossas existências.

Amor à ação medianímica é elevar-se e despir-se das vaidades humanas, atribuindo a vitória incondicionalmente à presença benfazeja e decisiva de Jesus e de seus prepostos.

É somente quando o amor nos matizar os passos na vereda mediúnica que vislumbraremos os louros da verdadeira vitória e auferiremos e disporemos dos bens espirituais imperecíveis.

Abraçar a mediunidade com amor é mostrar-se receptivo ao bem e ao "jugo leve" de Jesus em nossas vidas.

Capítulo 41

BASES DA TERAPÊUTICA DESOBSESSIVA

A TERAPÊUTICA DESOBSESSIVA NO núcleo espírita é trabalho conjugado entre o Céu e a Terra que mobiliza os melhores e mais amplos recursos para o estabelecimento da paz e do equilíbrio.

Associa os conhecimentos e saberes ao sentimento sutilizado do amor e da caridade, em sua expressão mais dilatada.

O conhecimento é hábil para promover o exame e o diagnóstico acerca dos verdadeiros motivos patrocinadores das dissensões, no desvendar das responsabilidades usualmente polarizadas.

Os sentimentos mais excelsos iluminam a consciência e aquecem o coração, em convite sublime ao regozijo do bem-estar inefável decorrente da sintonia com as fontes divinas.

O conhecimento é condutor e ordenador da marcha em direção ao futuro e à liberdade.

Os sentimentos dourados são edificadores do estado íntimo de redenção e do desejo no bem, como recurso anímico de paz e de tolerância.

Conjugar conhecimento e amor no trato com os desajustes obsessivos é a chave que abre as portas para o entendimento e a concórdia.

Capítulo 42

DESOBSSESSÃO E HARMONIA GRUPAL

AS RELAÇÕES HARMÔNICAS ENTRE os obreiros do grupo desobsessivo pautadas pela fraternidade e pela caridade, prescritas pelo saber espírita, são o sustentáculo para a realização e a consolidação da atividade de amparo e iluminação das consciências infelizes, que têm no labor desobsessivo a sua terapia de renovação e iluminação interior.

Do equilíbrio construído por essas conexões, dependem os resultados propícios à realização e estruturação das bases para o desempenho aguardado de cada um e de todos.

O exemplo vivo da boa vontade, do respeito e da indulgência se refletirão como força estática e educativa para os companheiros desarvorados e destruídos em seus sentimentos nobres pelo ódio, pela revolta e pelo comportamento comburente, renovando suas perspectivas de paz e de futuro.

As responsabilidades, pois, do dirigente, do esclarecedor e dos médiuns, assim como a de outros agentes que se possam fazer necessários ao bom desempenho grupal, são de supina relevância para as condições laborais, requerendo de cada integrante as devidas considerações e avaliações regulares para a manutenção da saúde da tarefa, como atitudes fortalecedoras do conjunto.

Somente a partir da perseverança no bem e do cuidado com os relacionamentos interpessoais é que se pode pleitear e se fazer motivo da diligência dos benfeitores espirituais.

O amor ao próximo começa na família e o grupo mediúnico deve ser entendido, considerado e sentido como uma grande família, a se beneficiar com os sentimentos mútuos de benevolência e de amizade.

Assume, então, a condição de elemento agregador para que também tu sejas beneficiado com esse comportamento.

Capítulo 43

MEDIUNIDADE E OBSESSÃO

A OBSESSÃO É ENFERMIDADE espiritual que se assenta nas reais possibilidades interativas entre os Espíritos e os seres reencarnados.

No entanto, não é determinada pelo simples fato de estar na base dos mecanismos que lhe originam o domínio, assim como a inteligência não deve ser incriminada pelos excessos e desvios de sua aplicabilidade útil, com resultados na construção do mal no planeta.

Apesar disso, deve-se ressaltar que as incursões que culminam com o adoecimento obsessivo, sem nenhuma dúvida, são explicáveis pelas mesmas leis que regem essas interações naturais entre mentes encarnadas e desencarnadas.

O conhecimento teórico da fenomenologia psíquica, por outro lado, é imprescindível para a providência dos cuidados necessários para a neutralização daquelas investidas e impedir-lhe os domínios.

Não obstante, isso não se deve unicamente ao conhecimento em si, mas às transformações secundárias à conscientização que ele favorece.

Portanto, os cuidados se estruturam no saber, mas somente logram agir profilaticamente, a partir das modificações capitais e qualificações comportamentais, amparados no modelo preferencial do Evangelho de Jesus, a sustentar e retificar não apenas ao que sofre o assédio, mas também ao que toma a iniciativa persecutória, posto não haver uma ligação polarizada entre vítima e agressor, mas a obrigatória renovação espiritual para ambos e para a sua relação.

A mediunidade, então, embora explique os mecanismos de instrumentação do processo obsessivo espiritual, não lhe é a causa ou o motivo, não devendo ser inculpada pelo adoecimento ou pelos desajustes relacionais.

Capítulo 44

PSICOTERAPIA DESOBSESSIVA

TAL COMO SE DÁ com a imensa maioria das terapias psíquicas, a desobsessiva visa levar os pacientes assistidos a uma autoanálise e à busca de compreensão de seus males profundos (da alma), à luz do Evangelho do Mestre de Nazaré, o excelso código de conduta íntima e de relacionamento social com o mundo e com o próximo.

A partir do autoconhecimento, das suas dificuldades em bases atuais e pretéritas, mas também da conscientização de sua filiação divina, no entendimento de seus dotes futuros, é que vai se robustecendo o propósito na tomada de decisão do enfermo espiritual de autotransformar-se.

Com a tomada de consciência, patrocinada pelo reconhecimento das ações negativas e práticas maldosas decorrentes do orgulho e do egoísmo, amparada pelo esclarecimento, pela bondade e pela compreensão sincera, o paciente se aceitará carente de renovação anímica e se permitirá as imprescindíveis correções de rumos.

A psicoterapia desobsessiva é, acima de tudo, a vertente de esperança e da certeza em seu potencial de expertise para a felicidade. É o acolhimento afetuoso e fraterno daqueles que se fazem intermediários de Jesus, o sublime "médico das almas".

A mobilização de amplos esforços na conjugação entre os elementos humanos e ultra-humanos facilitadores, na condição de benfeitores, formalizará e consolidará essa estratégia, em função da sabedoria desses tarefeiros do invisível, através da inspiração pelo amor lirial.

Trabalhar como instrumento de promoção anímica e recuperação dos infelizes de todo jaez é uma bênção do Alto, a ser para sempre lembrada pela gratidão e pelo esforço humilde e cotidiano, no afã de tornar-se digno do trabalho obtido da Misericórdia Divina.

Capítulo 45

INTUIÇÃO E INSPIRAÇÃO

INTUIÇÃO É O ENCONTRO mental consciente e objetivo entre seres de diferentes dimensões.

Inspiração é ação conjunta, mas inconsciente para a alma, de conteúdos mentais que se complementam.

Intuição é faculdade mediúnica propriamente dita através de mecanismos conscientes de transe vigil, ou seja, quando acordado.

Inspiração é manifestação a expensas da mediunidade natural universal, embora incipiente nesse momento da evolução humana.

Intuição é processo e *modus operandi* presentes em grande número de tarefeiros do plano formal.

Inspiração é relação cotidiana e corriqueira que se manifesta entre os que se buscam, muitas vezes sem o saberem, por sintonia e similitude de gostos.

Intuição faculta ao seu portador, que lhe compreende o mecanismo, o aprimoramento paulatino e o domínio da comunicação clara e palpável, fiel e independente.

Inspiração é intercâmbio de mundos que se interpenetram, em busca de interação e indução recíprocas, embora não intencional, pelo menos da parte de um dos participantes.

NÃO HÁ, PORÉM, UM limite definido, uma fronteira bem delineada, entre essas duas modalidades da comunicação, promovendo a integração entre as instâncias físicas e extrafísicas.

Capítulo 46

MEDIDAS PREVENTIVAS

Os transtornos obsessivos espirituais constituem um dos mais dilatados e corriqueiros escolhos encontrados na prática da mediunidade.

Sendo assim, cabe ao detentor dos dons medianímicos permanecer atento e vigilante aos primeiros indícios do mal, pelo cuidado e pela observação das variações de sentimentos e pensamentos relativos à vida, ao próximo e a si mesmo.

Consiste em boa prática preventiva, os esforços para anseios comportamentais identificados com a saúde espiritual:

Humildade é o estado íntimo de autoconhecimento da necessidade de se recorrer sistematicamente ao Alto, para a execução dos desígnios divinos, contrapondo-se aos sentimentos e posturas egoicas, ainda tão arraigadas no coração humano.

Fé é sentimento íntimo e de reconhecimento à Sabedoria Divina e à sua Providência, no amparo às nossas carências, sempre que franqueamos a intimidade para que se efetive a sua Soberana Vontade.

Consciência das vulnerabilidades a eventuais assédios espirituais, considerada a atual imperfeição que caracteriza o matiz evolutivo planetário. Por essa consciência, é que se mantém vivo o desejo e o entendimento das verdadeiras bases da transformação comportamental.

Aceitação de críticas e comentários às produções de sua mediunidade, mantendo o Espírito desejoso de aperfeiçoamento técnico, ao mesmo tempo que exterioriza a compreensão de que os conceitos e conteúdos emitidos por seu intermédio não lhe pertencem, a despeito de sua responsabilidade expressiva.

Prece constante é instrumento indefectível a remeter o pensamento às forças do bem, abrindo as contingências mais concretas de inspiração e de condução prática.

Desinteresse completo de qualquer desejo de consideração e de gratidão de parte dos beneficiados com o exercício mediúnico.

Satisfação única do dever cumprido, sem supervalorizar a faculdade que lhe não pertence, mostrando a certeza e a certificação da ação da Misericórdia Divina, a quem pertence todo o mérito das realizações maiores.

Vida dedicada ao trabalho mediúnico, mas sem declinar das responsabilidades e atividades familiares e sociais das exigências existenciais.

Resguardar-se no aconchego e na segurança do serviço bem estruturado em núcleo que vivencia os postulados espíritas.

Viver a mediunidade, sem viver da mediunidade.

Capítulo 47

DOENÇA OBSESSIVA E TRANSTORNO MENTAL

AS CIÊNCIAS HUMANAS DA saúde mental ainda não logram, no momento atual, diagnosticar os desequilíbrios espirituais nominados pelo espiritismo como obsessões, no palco das relações entre os mundos tangível e intangível.

Isso se deve mais aos estreitamentos interpretativos pela fixação e crença cega na matéria como realidade única, do que pelas evidências e observações que a própria ciência vê se efetivarem, em ordem crescente, a partir de estudiosos e pesquisadores desprovidos dos preconceitos e amparados pelo saber e tecnologia vigentes.

A incapacidade de identificação do problema, porém, não é, por si só, impeditiva de sua ocorrência, com maior frequência do que se suspeita, a ponto de a obsessão ser considerada pelos especialistas do invisível, distúrbio pandêmico, na origem das misérias e aflições de extensa fatia e corte populacional do nosso planeta. A ação obsessiva espiritual continuada e mantida ao longo do tempo, ininterrupta e marcante, costuma, se não atendida em suas necessidades terapêuticas de maneira objetiva e consciente, deflagrar os diversos transtornos mentais catalogados pela psiquiatria acadêmica.

Para uma melhor compreensão do assunto, em suas bases originais, vale destacar a teoria espírita da existência de uma contraparte semimaterial na criatura viva, em ligações complexas e profundas (*"molécula-a-molécula"*)[6] ao corpo somático.

Desse modo, os processos obsessivos, invariavelmente causados por Espíritos de má índole e com sentimentos e paixões grosseiros, resultam em bombardeios por massa fluídica pestilenta e nociva, comandada pelo ódio e pela comburência, conduzindo a desequilíbrios e modificações daquela organização quintessenciada e, em nível subatômico, da estrutura corporal, em suas delicadas tessituras, com consequentes alterações neuroquímicas, em função das vulnerabilidades anímicas e genéticas, compatíveis com as causas e modificações biológicas e funcionais dos distúrbios psiquiátricos.

Nada de mágico, abstrato ou sobrenatural, mas dependentes dos sentimentos e emoções desalinhados, orquestradores das alterações em estudo.

Assim, muitos dos transtornos crônicos e das doen-

---

6 KARDEC, Allan *in A Gênese*, cap. XI, item 18 (Nota do médium).

ças mentais têm como gênese a ação deletéria e persistente de agente(s) obsessor(es), ao longo do tempo.

Por essa razão, o trabalho desobsessivo na casa espírita, se constitui medida terapêutica preventiva à instalação definitiva dos transtornos psiquiátricos.

Capítulo 48

O SER COLETIVO

A SOMA DAS DISPOSIÇÕES e dos esforços, das características pessoais e dos objetivos em comum, confere tônus único a cada grupo pelas construções e identificação dos seus integrantes.

As afinidades configuram lei natural dos relacionamentos, sob o patrocínio da lei de sociedade e a vigilância da lei de causa e efeito.

O medianeiro é uma antena psíquica que capta e pode ser sensibilizada por pensamentos e emoções ambientais, tornando-se com frequência modulado por essas frequências do diapasão mental alheio.

A coletividade equilibrada pelo saber e pelos bons propósitos, característicos das reuniões mediúnicas organizadas nos núcleos espíritas sérios e prudentes, protegem os seus sensitivos, preservando-os da exposição desarrazoada a públicos despreparados e a indivíduos que, bastas vezes, são motivados pela curiosidade estéril e que intentam "pôr em cheque" e confrontar os fenômenos ali intermediados pelos obreiros.

Não se trata de impedir que o público tenha acesso aos ensinos dos Espíritos, já amplamente encontrados nos livros básicos da doutrina e que podem ser disponibilizados, depois, em momento propício; mas, especialmente nas lides do labor desobsessivo, dada a complexidade e a sensibilidade da tarefa, faz-se previdente e sábio seguir a orientação geral e de Kardec, de escudar os participantes desse mister, com a realização de encontros ao abrigo da curiosidade e sob o pálio do conhecimento espírita.

Faze, pois, da prudência a armadura preventiva dos desequilíbrios e da desorganização.

Capítulo 49

ESPECIALIDADE MEDIÚNICA

PAULO DE TARSO, o desassombrado Apóstolo dos Gentios, ensina, em sua *Epístola aos coríntios,* que *"múltiplos são os dons"* encontrados nas criaturas e orienta que cada um cuide de *"seu carisma"*, servindo a um só Senhor, e o recebendo a título de ferramenta de trabalho para a construção do bem.

Allan Kardec, o pai da ciência espírita, no resultado de suas profícuas investigações no campo da fenomenologia psíquica, sob metodologia sólida e apropriada, construiu uma nomenclatura específica, em sintonia com os anseios da ciência moderna, contemplando cada tipo de tons e dons mediúnicos.

Passada a fase de impacto para a sociedade humana, com os fenômenos objetivos, por ele denominados *"de efeitos físicos"*, a *"mediunidade de efeitos inteligentes"* desponta com a competência funcional e objetiva do espiritismo: o consolo e o esclarecimento.

Embora seja usual o desabrochar de alguns tipos

fenomênicos no sensitivo, Kardec e Paulo ressaltam a importância de cada um cuidar de aprimorar o talento que se destaca em sua função paranormal, ditada previamente por ocasião do planejamento reencarnatório, na recepção de seu mediunato.

A exploração de múltiplas faculdades pode interferir, de forma limitadora, no empoderamento da personalidade mediúnica preestabelecida pelos ditames da necessidade, aprovados pelo tutor espiritual.

Cultua e desenvolve a aptidão específica que recebeste para que te não distancies dos rumos traçados.

Capítulo 50

MORAL E INTERAÇÃO MEDIÚNICA

O MUNDO EM TRANSIÇÃO clama de forma veemente pelo esforço de cada ser humano para a sua transformação moral.

As leis que regulamentam o relacionamento mediúnico podem ser consideradas estruturais (técnicas), morais (comportamentais) e progressistas (evolutivas).

No primeiro caso, sabe-se que, embora tecnicamente um Espírito possa se comunicar através de qualquer médium relativamente preparado, existem afinidades fluídicas próprias dos envolvidos pelo elo mediúnico, a favorecerem comunicações mais objetivas e autênticas e que aquelas afinidades independem da similitude moral dos que se intercambiam.

O *status* moral tem o dom de facilitar a interação, pela lei dos semelhantes entre os Espíritos de estirpe elevada ao médium que se esforça e se preocupa com sua elevação fluídica em processo de "vibrações compensadas", para o seu encontro com o mentor espiritual que, por sua vez, reduz, por vontade própria e humildade; sua condição maior.

As causas evolutivas estão na base natural do encontro entre aqueles que interagem uns com os outros no cotidiano.

Ao esforçar-se pelo progresso anímico, o médium seleciona seu séquito espiritual entre os mais compromissados com a verdade.

Assim, é possível, mesmo ao médium menos evolvido, abrir-se à comunicação de um Espírito mais elevado e vice-versa.

Cuida de dedicar-te à construção das responsabilidades que te batem à porta, para tornar-te digno de receber e sentir a presença dadivosa dos tutores espirituais.

Capítulo 51

SINAIS E SINTOMAS PRÉVIOS

A FAINA DESOBSESSIVA NÃO se restringe única e exclusivamente à realização das reuniões formalizadas e pré-agendadas.

Os emissários de Jesus, trabalhadores do bem, se desdobram para que os Espíritos necessitados e assistidos sejam atendidos, de forma direta ou indireta, no clímax da experiência psicoterápica desobsessiva.

Por isso, não é incomum que os tarefeiros da mediunidade também participem desse preparo, nos momentos de relaxação mental e de sono para o acolhimento dos pacientes espirituais.

As ligações mentais e fluídicas, com grande frequência, se fazem com antecedência de dias, meses e até de anos.

Essa a razão para que, inumeráveis vezes, se façam presentes sinais psíquicos, emocionais e mesmo físicos sobre o medianeiro antes do instante do encontro semanal previsto, a partir de uma influência involuntária daqueles a que se liga com o objetivo de otimizar o processo terapêutico desobsessivo.

O sensitivo ciente dessa realidade aprende a diferenciar o que é próprio do que se faz por envolvimento e aproximação espirituais, não deixando suas responsabilidades, abstendo-se do trabalho por uma pseudoenfermidade, que habitualmente se finda espontaneamente ou com o recurso da oração após a expressividade mediúnica.

O treinamento no tempo devido, no transcorrer da fase de educação mediúnica, capacitará o médium a reconhecer essas nuanças da atividade medianímica.

Capítulo 52

AMBIENTE PROPÍCIO

ASSIM COMO ALGUMAS PROTEÍNAS possam agir à semelhança de micro-organismos, determinando alterações maléficas nos sistemas orgânicos, os fluidos pestilentos formados e amoldados pelas mentes em desalinho costumam, também, implicar de forma negativa no desequilíbrio ambiental, com repercussões no equilíbrio e no bom desempenho das atividades-fim.

O serviço mediúnico do núcleo espírita requer cuidados e a sua preservação, dentro do possível, para o alcance de melhores e mais robustos resultados, atingindo os seus santificados objetivos.

Isso significa que, sempre que possível, se faz indispensável preservar o ambiente destinado à sua prática, na construção de uma assepsia fluidicoespiritual, assim como é vital a preservação do ambiente cirúrgico nas instituições hospitalares.

Com esse intuito, irradiações positivas e cuidados maiores devem tornar a ambiência mediúnica melhor preparada para os atendimentos dos enfermos do invisível e para as intervenções perispirituais de que bastas vezes se fazem necessitados por suas deformidades e desarmonias vibratórias importantes.

Local preparado e específico para a realização da práxis mediúnica deve se constituir em uma busca permanente dos integrantes desse labor.

Capítulo 53

IMPESSOALIDADE MEDIÚNICA

O TAREFEIRO DA MEDIUNIDADE costumeiramente é sensibilizado pelos matizes psíquicos do Espírito emissor da comunicação em sua práxis fenomenológica. Apesar de sentir-se felicitado pela sintonia com os psiquismos comunicantes e por sua *expertise* para moldar-lhes as expressões, fruto do domínio da faculdade, precisa cuidar de manter a impessoalidade medianímica.

Isso deve ser entendido como atitude de neutralidade relativa às características do ser que se manifesta, na manutenção do sentimento de amparo e de respeito, considerando a interação empática.

O esforço continuado e a observação desse preceito de impessoalidade devem se estabelecer como lembrança constante no convívio e no exercício medianímicos.

A atitude de resguardo e o esforço para não se deixar arrastar pelas dificuldades presentes na manifestação, na expansão das ideias, pensamentos e emoções, são deveres do medianeiro espírita que tem na obra *O Livro dos Médiuns*, de Allan Kardec, o seu referencial.

Em respeito à individualidade dos que te buscam o concurso fraternal, deves tomar como necessidade primeira o assegurar-lhe a manifestação precisa, apenas tendo o cuidado de manter-lhe a manifestação de respeito em compatibilidade com as normas do serviço.

Capítulo 54

MEDIUNIDADE E SABER

TODO CONTEÚDO MEDIÚNICO, DE qualquer modalidade, deve ser encarado como elemento de um processo educacional.

Refletir e reter inicialmente para si mesmo seus objetivos instrutivos deve ser atitude do medianeiro e de toda a equipe mediúnica, em comportamento prudente e passível de se projetar no futuro.

Toda expressão mediúnica, por conseguinte, é portadora de construção pedagógica, sob a supervisão e com a permissão do Alto.

Atenta, de maneira consciente e humilde, para o que intermedeias do mundo invisível, para que bem aproveites a oportunidade recebida de reportar as dores alheias, quando do trabalho desobsessivo ou quando na condição de mensageiro condutor das epístolas dos Espíritos benfeitores.

Somente, então, poderás pensar na utilidade de repasse dos ensinamentos, em nome da caridade que não expõe nem desrespeita a dor alheia.

No livro da vida, revelam-se todos os segredos da natureza humana.

Capítulo 55

GERAL E PARTICULAR

O PORTADOR DA FACULDADE mediúnica é, por si só, um mundo particular de possibilidades com características pessoais e nuanças peculiares e adstritas à sua condição anímica.

Portanto, não há duas personalidades iguais, senão semelhantes, pela interseção de seus pontos em comum.

Que cada obreiro da mediunidade mantenha o respeito e admiração pela personalidade mediúnica de seus pares, assim como o autorrespeito pelas suas condições, mantendo-se grato à Providência Divina e não almejando ser como o companheiro, exceto quanto à retidão e à honestidade em seu trabalho.

É certo que a faculdade possui características gerais comuns a todos esses tarefeiros, mas com categorizações pessoais e intransferíveis.

Aprende e copia os grandes e beneméritos trabalhadores da seara mediúnica na história, copiando-os em seu comportamento moral e ético, mas prezando por própria identidade, conduzindo o teu labor com toda a coragem e abnegação, para te tornares digno do bem a ti outorgado.

Capítulo 56

MÉDIUNS ESPECIAIS

OS MATIZES DOS DONS medianímicos tornam cada sensitivo um ser à parte na tarefa mediúnica.

Não significa, no entanto, essa modalidade especial, uma qualificação meritória por seu valor ou autoridade anímicos.

Sendo assim, essas nuanças especiais estarão em consonância com a tarefa que devem desempenhar em seu compromisso.

Como visto, esses dons especiais são auferidos para a expressão dos Espíritos comunicantes e, por isso, não te deves deixar arrastar pela vaidade, mas refletir sobre as tuas responsabilidades nesse campo, bem como manifestares gratidão ao Senhor da Vida pelo trabalho regenerador.

Por outro lado, existem em alguns médiuns certas características - muitas vezes somente percebidas pelo Espírito comunicante -, a lhes tornar mais flexíveis para a expressividade de algumas "subformas" de mediunidade: musical, poética, científica, ética e moral, histórica etc. Também, quanto à psicografia, podemos encontrar médiuns mais aptos para "poligrafia" (mudanças na caligrafia de acordo com o Espírito emissor e até mesmo reproduzindo a sua caligrafia de quando encarnado; e identificação com características mais minuciosas e detalhadas da personalidade comunicante, como ocorre no denominado "correio do Além"...

As razões para tais versatilidades, longe de destacarem o medianeiro por um suposto mérito maior, podem ser explicadas por razões anímicas (características fluídicas que independem da moralidade; conhecimentos inconscientes transreencarnatórios) e exógenas (simpatia, convivência pretérita, atenção e objetivos).

Compreende e aceita as tuas possibilidades paranormais como dom recebido da Misericórdia Divina e sê sempre grato pelos frutos dos teus esforços para te identificares com o trabalho humilde de Jesus.

Capítulo 57

SERENIDADE

O MÉDIUM ESPÍRITA DEVE ser obreiro do bem que já extinguiu a curiosidade banal acerca da fenomenologia pela convicção da imortalidade da alma e da comunicabilidade dos Espíritos.

Não duvida dos fatos mediúnicos, conquanto se mantenha permanentemente vigilante quanto ao conteúdo medianímico e à sua participação no processo interpretativo.

Exerce seu *métie* sem a exigência de manifestações "sobrenaturais", pela compreensão das leis regentes da fenomenologia psíquica.

Não reclama dos Espíritos manifestações além de suas possibilidades e objetivos, como paixões e interesses pessoais, pela ciência das dificuldades da filtragem mediúnica e de que os seus comunicantes são "pessoas" muitas vezes comuns e limitadas no saber e no poder.

Encara sua tarefa simplesmente como a intermediação dos seres do Além, com respeito e tolerância.

Recebem os Espíritos de nomeada com gratidão e atenção aos conselhos e ensinamentos, invariavelmente utilizando a codificação espírita como referência.

O médium espírita pautará suas ações e o seu labor pela lei de solidariedade e de fraternidade para com tudo e para com todos.

Capítulo 58

MATURAÇÃO MEDIÚNICA

A MATURAÇÃO DOS DONS psíquicos deve ser a meta primeira de todo aquele que tem compromisso nessa área.

Os dons recebidos serão lapidados com esforço e trabalho, perseverança e constância.

Compreender seu *modus operandi,* mas especialmente aprender a lidar com as emoções decorrentes dessa práxis se fazem necessidades fundamentais e indispensáveis.

O estudo continuado e as autoavaliações periódicas permitem o desenvolvimento adequado para a boa condução da sua faculdade no alcance dos resultados almejados.

A maturidade medianímica consiste especialmente em agilidade e produtividade no bem, em atitude de apreço e abnegação.

Imaginar-se "médium formado", unicamente a expensas das manifestações espontâneas é demonstração patente e inalienável do desconhecimento básico da teoria da mediunidade e, consequentemente, de suas perspectivas e desenvolvimentos, o que pode resultar no condicionamento de práticas e posturas viciosas, além de vulnerabilizar a ação dos Espíritos mistificadores.

Humildade e trabalho, paciência e resignação devem ser guias permanentes em sua vivência, na busca de alcançar cada vez mais a maturação dos sentimentos e dos dons paranormais.

Capítulo 59

TUTELA MEDIÚNICA

A MISERICÓRDIA DIVINA CONTEMPLA cada medianeiro com um tutor, mestre nesse mister, que se desvela em cuidados ao seu protegido, em amparo e suporte para o mais digno desempenho de sua função de intermediário para os desencarnados que se utilizam dos seus recursos.

O tutor tem o papel de aconselhamento, de acompanhamento e de proteção ao seu pupilo, mas, como todo bom professor, sem interferir em seu livre-arbítrio.

Manter a sintonia com esse patrono deve estar sempre presente no palco das cogitações do sensitivo, a fim de lhe captar com clareza as sugestões benéficas para o seu desiderato.

Presente em todos os momentos, o protetor espiritual não logra obter o êxito almejado, quando o assistido destrói as relações pela postura de distanciamento dos interesses espirituais, na adoção de interesses outros que não a caridade genuína e submissão à Vontade Divina.

Nessas circunstâncias ele se afasta momentaneamente, deixando o tutelado ao sabor dos seus caprichos e vontade, mas sempre disposto a retomar a função que lhe foi concedida pela Divindade.

Manter-se pacificado nessa relação fraternal e paternal e ter a humildade no reconhecimento das limitações pessoais torna-se, assim, vital para o tirocínio no atendimento e para o discernimento do caráter do emissário divino.

Faze do teu orientador um mestre amigo na construção de laços perenes de concórdia e benevolência.

Capítulo 60

EXPRESSIVIDADE MEDIÚNICA

A EXPRESSIVIDADE MEDIÚNICA ESTÁ em relação direta e proporcional com as afinidades fluídicas e a flexibilidade funcional do medianeiro.

Para que o processo se faça de forma ideal e ajustada é requerido um condicionamento educacional da faculdade a ser consolidada pelo conhecimento e sua prática.

Os cacoetes e viciações usuais da expressão mediúnica têm sua gênese em fatores intrínsecos e extrínsecos ao sensitivo.

Os fatores próprios do médium dizem respeito às suas usanças e expectativas não qualificadas pelo saber, mas na experiência deformada; assim como também, pela imaturidade da personalidade mediúnica, como estratégia consciente ou não de autoafirmação do dom auferido.

Aqueles outros, de ordem extrínseca, são originados, com frequência, por condução inadequada de seu processo formativo, com a predominância de objetivos mais pessoais, do que na busca da verdade; mas, também, pela curiosidade mórbida e a manipulação de seus objetivos nobres em caricatos impressionistas, às vezes até bem-intencionados, mas costumeiramente ao sabor das influências espirituais de Espíritos pseudossábios ou perversos.

Pelo processo educacional do seu dom, deve o sensitivo autovigiar-se e autoavaliar-se continuamente em busca da maturidade e da espontaneidade mediúnicas.

Despojar-se de aparatos ritualísticos e inúteis deve pautar o pensamento e o desejo do agraciado pelo mandato mediúnico.

Capítulo 61

MÉDIUM TODO DIA

A EDUCAÇÃO DO LABOR mediúnico, na tarefa da casa espírita, requer esforço continuado e vontade de servir: esforço, porque a perfeição é uma meta; vontade, por sua característica de alavanca construtiva.

O domínio dos dons psíquicos, porém, não é sinônimo de rigidez estrutural das manifestações do invisível, impedindo a espontaneidade da comunicação.

Há que se cuidar, no entanto, de disciplinar os impulsos e atitudes desrespeitosas por parte de irmãos inescrupulosos do Além. Essa performance do paranormal alcança aplicação para além dos limites da sala mediúnica.

O pendor mediúnico não é instrumento que se "liga-e-desliga", determinando "surdez", "cegueira" e insensibilidade aos desencarnados, posto ser a faculdade elemento psicofísico presente no cotidiano.

Não se é medianeiro apenas no grupo espírita.

Pela mediunidade educada, porém, dispõe-se da

possibilidade de obstar a comunicação, a despeito da presença e do envolvimento fluídico-mental da população desencarnada.

Dessa maneira, seleciona-se através do intercâmbio mental os Espíritos preparados para o conúbio, daqueles que intentam apossar-se das potencialidades psíquicas e assumir um poder, nos assédios espirituais.

Orientar, favorecer com a prece e oferecer subsídios mentais para a busca de auxílio e possível comunicação em momento propício é caridade que se exerce para com todos: encarnados e desencarnados.

A preferência pelo exercício da prática mediúnica no núcleo espírita deve ser a regra por todas as razões de acolhimento e proteção bidirecional.

Mantém-te como eterno aprendiz para dilatares a proteção, a caridade e a otimização do trabalho, na educação continuada da mediunidade.

Capítulo 62

ESTADOS ALTERADOS DA CONSCIÊNCIA

OS ESTADOS ALTERADOS DA consciência já pesquisados por vários cientistas estudiosos da consciência e da vida mental, correspondem aos estados da mente que ampliam as possibilidades perceptivas para além das cercanias físicas.

Designados em passado recente como "estados de transe", constituem a base franqueadora dos fenômenos de emancipação da alma espontâneos ou induzidos por seres da dimensão extrassensorial. Não há uma exigência de se atingir estados de consciência com desdobramento completo, o que somente acontece com alguns medianeiros, mas, mesmo com estes, nem sempre.

Há estados de consciência parcialmente alterados, em que a consciência, em vigília, é capaz de acompanhar todo o desenrolar da fenomenologia, pois, tanto quanto os primeiros, propiciam o intercâmbio bidimensional.

O mais importante é que cada sensitivo utilize positivamente suas características fenomenológicas, na busca da otimização de seus potenciais pelo saber e o adestramento que fomentam a expertise necessária e produtiva.

Não há que se incomodar ou tentar modificar o que lhe foi ofertado pela lei, senão aprimorar ao máximo o talento recebido, posto não ser esta ou aquela forma ou *modus operandi* do fenômeno que torna seu portador mais importante, mas o bom direcionamento de seu mandato.

Sonâmbulo, semissonâmbulo; mecânico, semimecânico ou intuitivo, todos são portas abertas para a realização de tarefa bem constituída no bem.

Capítulo 63

GRUPO MEDIÚNICO: AMOR E FRATERNIDADE

O GRUPO MEDIÚNICO PRECISA ser construído pelos laços de fraternidade e amor, tecidos pela convivência, respeito e espontaneidade.

Esses laços devem ser fundamentados pelo conhecimento doutrinário e evangélico segundo a visão espírita.

Esse saber e o sentimento que lhe secunda vai funcionando como um forte elo de ligação entre os seus componentes: médiuns, esclarecedores, dirigentes e demais integrantes.

Cada elemento do grupo deve rogar a Deus para que se sinta um trabalhador da vinha com suas virtudes e dificuldades naturais para o momento evolutivo em que transita.

Autorrespeito é sentimento de gratidão pela outorga recebida, sem desejar as características de seu companheiro de trabalho, o que poderia degenerar em ciúme e inveja.

Reconhecer a performance de médiuns bem-sucedidos e que honraram o seu mandato mediúnico é comportamento salutar, assim como tê-los por modelo; mas satisfazendo-se com os recursos postos ao seu favor, que são o suficiente para a realização dos objetivos traçados e para o alcance do preestabelecido.

Que cada individualidade medianímica procure fazer o seu melhor e seguir o seu irmão e companheiro de tarefa apenas no campo do compromisso e do esforço para o progresso moral.

Capítulo 64

MEDIUNIDADE ATUAL

Nos últimos tempos, derramarei
do meu Espírito sobre todos os povos...
Atos, 2:17

NESSE PERÍODO APOCALÍPTICO, o número de médiuns tarefeiros se multiplica na face do planeta, em sentido de propiciar a toda a população terrena o acesso aos ensinamentos do Alto, em sua Terceira Grande Revelação, como fomento ao progresso moral.

Os medianeiros contemplados com esse dom devem compreender o seu papel como caminhos para o esclarecimento, o consolo e o conforto espirituais, bem como no minimizar de suas próprias aflições.

Cada médium é um mundo único, posto ser um intérprete das vozes do Alto e o intermediário para o acolhimento e o amparo dos seus irmãos desencarnados, em situação de miséria e indigência anímicas.

Desse modo deve-se ressaltar que cada individualidade mediúnica tem seus próprios matizes, tendo a responsabilidade pela condução da faculdade que lhe foi outorgada pela Misericórdia Divina.

Apesar de sua tonalidade pessoal, os objetivos a que deve destinar essa sua potencialidade terão um desiderato comum a todos: promover a vitória do bem sobre o mal, em ampla atitude beneficente.

Não há, portanto, dois sensitivos exatamente iguais, assim como não há dois Espíritos integralmente semelhantes. A esse respeito, o médium verdadeiramente espírita é aquele que, consciente do significado da mediunidade, coloca suas possibilidades a serviço exclusivo do bem, em sintonia com as Potestades Celestes e com Jesus.

Oferece os dons recebidos em favor dos teus irmãos necessitados e enfermos da alma e receberás em transmissão a paz e a serenidade dos imortais na eternidade.

Capítulo 65

O MÉDIUM E SEUS DESEJOS

NÃO ANSEIES POR PRIVILÉGIOS e regalias no usufruto da faculdade que deténs.

Não exijas condições especiais e superiores para o desenvolvimento das tuas obrigações.

Não almejes a condição de inoperância e proteção das dores e sofrimentos inerentes à práxis mediúnica, para não te assemelhares ao servo preguiçoso da "parábola dos talentos".

Não te queixes das dificuldades e dos obstáculos encontrados na via escarpada do teu trabalho, posto representar para ti a confiança do Senhor da Vinha.

Não te deixes conduzir pelo canto ilusório da sereia com seus encantos mitológicos, para que não falseies a interpretação dos fatos reais.

Não te permitas enfraquecer a vontade diante do

caos que enfrentas ao teu derredor. Ora e age com toda a tua força em prol dos que se desnorteiam.

Não dês ouvidos aos aplausos nem aos pusilânimes da tarefa, antes acolhe-os em teu coração e inclui-os nas tuas rogativas ao Alto.

Faze assim e viverás com equilíbrio, protegendo-te de ti mesmo na feição do "homem velho".